What is 헌금이 뭐예요?
가난해도 가장 많이 헌금한 리빙스턴

초판발행 2014년 09월 18일 | 글쓴이 이지영 | 그린이 이준희 | 펴낸이 이재승 | 펴낸곳 하늘기획
주소 서울특별시 중랑구 상봉136-1 성신빌딩 지하 | 등록번호 제306-2008-17호 (2008)
ISBN 978-89-92320-47-4 03230 | 총판 하늘물류센타
전화 031-947-7777 | 팩스 0505-365-0691

아프리카를 개척한 선교사

가난해도 가장 많이 헌금한
리빙스턴

이지영 글 / 이준희 그림

하늘
기획

리빙스턴을
만나기 전에

여러분은 혹시 이런 고민이나 궁금증이 있지 않나요?

◆ 나는 하나님께 바칠 헌금이 없는데...
◆ 최고 부자이신 하나님께 왜 헌금을 드려야 하죠?
◆ 하나님은 꼭 돈만 받으시나요?
◆ 헌금에 종류가 왜 이렇게 많죠?

이런 고민이나 궁금점이 있다면 책을 제대로 고른 거예요.
리빙스턴은 여러분과 비슷한 고민을 하다가
하나님께서 가장 기뻐하시는 헌금이 무엇인지 발견한 분입니다.
리빙스턴이 살아 온 이야기를 읽다보면
여러분도 하나님이 기뻐하실 헌금을 하게 되리라 믿어요.

우리 다함께 하나님이 주시는 해답을 찾아볼까요?

전주에서 이지영

CONTENTS

아버지와 래돈이

헌금이 뭐예요?

이지영 글 / 이준희 그림 / 이인영 컬러

용돈이
모자랄 때!

이런.. 15만 3천원.
좀 많이 모자라네.
이걸 뭘로 채우지?

그래, 방법은 하나야!
내일이 말일이니까
용돈 8만원 나오고
그 다음날이
주일이니까 헌금
1만원 주시겠지.

그럼..
24만 3천원.
오~케이!

너 용돈의
십일조와
주정헌금은
어쩌려고 그래?

다음 달
용돈으로 갚으면
돼~지!

사고 싶은 걸...
다음 달로 미뤄!!!

앙~안돼요!

앙~안돼요!

13

하나님의 것과 내 것!

삐리리리~♪

택배입니다.

택배

와우~
드디어...ㅋ

잠시 후

어머...! 누...
누구세요?

우헤헤..
대성공! 엄마도
못 알아보시네.

살금
살금

왜~
우리
영웅께서
도둑처럼
들어오실까?

헉~

뜨악!
놀랐잖아요 !
엄마!

왜 그리
놀라실까?
뭔가 찜찜하신가?

삐질~

찜찜하긴...
뭐가요?

솔직히
말하시지?

뭘..
요...?

마지막 ..
기회를 주마....
말.. 해..?

전....
드릴 말씀이
없는데요....

오늘... 교회...
선생님에게서...
전화가 왔었다~!
지난 주일에
안나왔는데
무슨일이
있었느냐고...

16

너..! 이번 주... 교회도 안가고 뭐한거야~! 그럼..! 엄마가 준 헌금은~???

일부러 엄마를 속이려고 한 건 아니었어요. 헌금은 다음 달 용돈으로 다 갚을게요.

그럼.. 하나님께 빌렸다는... 말이 되는구나 !!!

네, 그런.. 셈이 되네요...

요~ 녀석봐라..! 누가 하나님의 돈을 네 맘대로 사용하래?

엄마가 준 돈은 사실... 내 돈이 된 거잖아요!

그 돈을 누가 주셨는데?

17

18

헌금의 종류

십일조 : 모든 소득의 십분의 일을 하나님께 드리는 헌금.
감사헌금 : 하나님의 은혜와 인도하심에 감사하여 드리는 헌금.
주정헌금 : 주일마다 일정한 금액을 하나님께 드리는 헌금.
건축헌금 : 예배당을 짓기 위해 하나님께 드리는 헌금.
선교헌금 : 복음을 온 세상에 전파하기 위해 드리는 헌금.
절기헌금 : 부활절, 감사절, 성탄절 등 복음을 기념하는 주일에
　　　　　 드리는 헌금.

우리는 하나님의 청지기!

래돈아, 아빠가 누구지?

음.. 복음물산의 사장님이시죠.

그럼 우리 복음물산의 자산이 얼마인지 아니?

제가 어려도 알건 압니다. 300억 정도죠!

오~!
훌륭한 걸.

제가 장차
복음물산의 후계자
아닙니까. 하하하!

글쎄..?
그건 회장님께
여쭤봐야겠는걸.

네? 우리 회사에
회장님이 계셔요?

후계자라면서
넌 아직
몰랐니?

전 아빠가

주인인걸로
아는데요.

아니야.
주인은
따로 계셔.

22

주는 그리스도시오 살아계신 하나님의 아들이십니다.

쫑알

쫑알

예수님이 누구라고?

우리의 주인이자 창조주 하나님 이시죠.

그래, 예수님이 우리 복음물산의 진정한 주인이시란다.

번쩍

에이~ 놀랐네. 아버지가 월급 사장님인줄 알았어요.

맞는데~. 이 회사는 아빠 것이 아니야. 예수님 거야.

그거야 신앙고백적인 관점에서...

넌 그렇게 생각하니? 난 실제로 그렇게 사는데.

그야~ 물론... 저도 그렇게 믿죠. 하지만...

23

아버지, 비결이 뭐예요?

내가 한 것은 없단다.

전부 회장님이신 예수님이 하신 것이지.

난 그저 아침마다 네 엄마와 말씀을 묵상하며 찬송하고 모든 사업의 방향을 예수님께서 인도해 주시길 기도하며 시작했지.

그런데 손대는 사업마다 큰 수익을 얻게 해주셨지.

성공

성공

말씀묵상, 찬송, 기도. 이게 전부인가요?

그러던 어느 날 큰 위기가 찾아왔지. 당장 30억을 갚지 않으면 회사가 부도날 위기였어.

그래서요?

그날 아침도 네 엄마와 말씀을 묵상하며 예수님의 도우심을 구했단다.

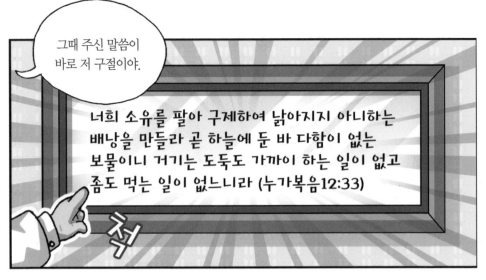

그때 주신 말씀이 바로 저 구절이야.

너희 소유를 팔아 구제하여 낡아지지 아니하는 배낭을 만들라 곧 하늘에 둔 바 다함이 없는 보물이니 거기는 도둑도 가까이 하는 일이 없고 좀도 먹는 일이 없느니라 (누가복음12:33)

저 말씀에 그런 사연이 있었군요.

그 때만 해도 아빠는 회사가 급성장하니까 규모를 늘리는 데만 힘썼지...

내가 왜 사업을 해야 하는지에 대해서는 생각을 못했어.

모든 것이 날아갈 위기가 오니까 돌아보게 되더구나.

그래서 발견하신 것이 무엇인데요?

이 회사를 하늘의 배낭으로 만들자!

하늘의 배낭?

그래, 도둑이 넘볼 수 없고 좀(벌레)도 먹지 않는 회사를 만들자.

도둑이나 벌레를 막는다면.. 세콤이나 세스코에 연락하셨나요?

크~ 이 깜깜한 녀석! 그건 육신적 해결책이고 ...!

아니 그럼.. 다른 방법이...?

그 날로 이 회사와 내 모든 것을 예수님께 드렸다.

그건 아니죠! 예수님께 어떻게 벌레를 잡아 달라고 해요.

예수님 말씀의 도둑이나 좀벌레는 마귀를 비유한 것이란다. 우리의 생활과 경제에 마귀가 역사하면 재앙을 막을 길이 없단다. 그래서 사업에 역사하는 마귀를 꺾는 예수님께 회장님 자리를 내드린 거지.

하지만...
회사는 아빠가...
운영하시잖아요?

하지만 예수님은
회사를 아빠에게
주셨잖아요.

그렇지 않아!
모든 결재를...
기도실에서...
예수님께 받는단다.

정확히 말하면...
주신 게 아니라...
맡기신 거야.

맡기신...
거요?

그래,! 그런 걸...
청지기라고 하지.

아~! 저도 알아요!
주인을 대신하여 재산을
맡아 관리하는 사람.

바로 그거야!
우리가 바로...
하나님 나라 청지기야~!

그럼~!
청지기는
어떻게 해야
하는 거죠?

저 구절을 다시 보자.
너희 소유를 팔아
구제하라고 나오지?

...를 팔아 구제하여 낡아지지 아니하는
...만들라 곧 하늘에 둔 바 다함이 없는
...이니 거기는 도둑도 가까이 하는 일이 없고
...좀도 먹는 일이 없느니라 (누가복음12:33)

네~! 그럼...
우리 회사를
팔아서 가난한 사람을
도와줘야 하나요?

물론...
그럴 수도
있지.

에구머니!
내 머니!

뻥~

하지만 그 말씀은
더 깊은 뜻이
들어 있어.

휴~ 그게...
뭔데요?

너희 소유를
팔라는 것은
항상 내 것이 아니라
주님의 것임을
인정하라는
것이고

복음과 전도를 위한
헌금을 말하는 군요.

복음과
전도를 위

그렇지!
역시 내 아들이야!

구제하라는 것은
영적으로 가난한
사람을 위해,
즉 복음과 전도를 위해
돈을 쓰라는 뜻이야.

29

헌금은 왜 해야 하는가?

그럼 아빠는 어떻게 헌금을 하고 계세요?

아빠의 헌금수칙을 말해볼게.

첫째, 회사의 모든 수익금의 십일조와 내 월급의 십일조를 드린다.

아빠 월급의 십일조만이 아니라... 회사의 십일조도요?

그럼! 회사도 하나님이 주신 수익이 있으니 십일조를 드려야지.

그런데 십일조는 왜 드리는 거죠?

십일조는 예배와 복음 사역을 맡은 목회자를 위해 하나님이 정하신 거야(민18:21).

다른 일을 하지 않고 오직 복음과 전도에 힘쓰는 목회자가 많이 있어야 해.

그분들이 영적으로 깨어 있어야... 우리도 함께 성령 인도 받고 살아난단다.

반짝

십일조는 목회자와 내가 살아나는 헌금!

둘째, 많은 수익을 주실 때는 더 많이 헌금한다.

사실 우리 회사는 십일조가 아닌 십에 이조를 드리고 있어.

십에 이조? 혹시 20 퍼센트를 말씀하시는 건가요?

그래. 작년만 해도 사원 중에 40명이 예수님을 영접하고 하나님 자녀가 되었지.

와~ 정말! 아빤! 멋진 사업을 하고 계시네요!!!

그래. 돈 버는 사업이지만 동시에 복음과 전도를 위한 선교 사업이지.

그런데 아빠는 왜 십일조가 아닌 십이조를 하세요?

성경을 찾아볼까?

팔랑

성 경

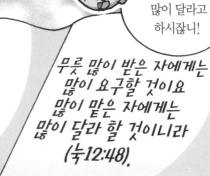

많이 맡은 자는 많이 달라고 하시잖니!

무릇 많이 받은 자에게는 많이 요구할 것이요 많이 맡은 자에게는 많이 달라 할 것이니라 (눅12:48).

하나님께서 많이 주셨을 때는 다 이유가 있는 거야.

회사가 급성장 할 때 공장을 더 크게 짓고 투자하다가 부도가 날 뻔도 했잖니.

빙긋

난, 그 때 깨달았어...! 이 세상이 아닌 하나님 나라를 위해 투자해야 한다는 것을 말야...

많은 수익을 주실 때는 더 많이 헌금한다!

쑥 쑥

셋째, 교회와 후대를 위한 건축 헌금에 힘쓴다.

건축헌금은 왜 중요하죠?

교회는 하나님을 만나고 답을 얻을 수 있는 유일한 장소야.

성경에 나오는 건축헌금

(출애굽기36:1-7) 광야에서 하나님의 성막을 건축한다는 소식을 듣고 백성들이 기쁨으로 온갖 헌물을 가져왔다. 얼마나 많이 가져왔든지 나중에는 그만 가져오라고 모세가 말리기까지 했다.

(역대상29:1-19) 다윗 왕이 그의 아들 솔로몬이 예루살렘 성전을 지을 수 있도록 자신의 재산 중에 금 삼천 달란트와 순은 칠천 달란트를 헌금했다. 그 일로 감동 받은 온 백성이 헌금에 동참하여 금 오천 달란트와 금 만 다릭, 은 만 달란트와 놋 만 팔천 달란트와 철 십만 달란트를 헌금했다. 이 헌금으로 성전의 모든 기구를 금으로 입히고 심지어 성전의 모든 벽을 금으로 덧입히기도 했다. 성전을 금으로 입힌 이유는 그만큼 하나님을 만나는 성전이 존귀하다는 뜻이었다.

36

이제 우리가 할 일은 세계 곳곳에 선교사님을 파송하고, 방송, 문화 각종 매체를 통해 예수님이 모든 문제를 해결하신 그리스도이심을 전하는 거야.

선교

세계 복음화

그래서 선교헌금을 하는군요.

선교헌금은 초대교회들이 힘쓴 헌금 중에 하나야.

특히 안디옥과 빌립보 교회는 로마제국을 복음화 하려는 사도 바울에게 여러 차례 선교헌금을 보냈지.

바울

선교헌금

그로 인해 바울은 더욱 선교에 힘쓸 수 있었고 결국 로마가 복음화 되는 응답을 받았지.

할렐루야 !!!

복음화

하나님은 이 마지막 소원에 관심을 갖고 헌신하는 사람에게 모든 것을 주신다.

정말요?

하나님~!
용서해주세요!

이제 저는
하나님의 소원을 위해
헌금하는 청지기가
되고 싶습니다.

예수님께서
인도해주세요.
예수님의
이름으로
기도합니다.
아멘..!

아프리카를 개척한 선교사 리빙스턴 (David Livingstone) 1813-1873

아멘..!

♥ 가난해도 가장 많이 헌금한 리빙스턴을 보고 싶다면 다음페이지로 GO~ GO!

아프리카를 개척한 선교사
리빙스턴

(David Livingstone) 1813-1873

이지영 글 / 김도형 그림

하나님께 자신을 바친 소년

　어느 날 영국의 한 시골 교회에서 마을 사람들이 예배를 드리고 있었어요. 마침 그날은 아프리카의 의료선교를 위해 특별헌금을 드리는 날이었어요. 헌금 주머니가 성도들이 앉아있는 자리를 돌았고, 이윽고 한 소년 앞에 오자 그 소년은 몸을 떨면서 헌금 주머니를 손으로 잡고 큰소리로 말했어요.

"제게는 지금 하나님께 바칠 헌금이 없어요. 하지만 그 대신에 제 몸과 인생을 주님께 드립니다."

그 소년은 그때부터 의료선교사의 목표를 이루기 위해 열심히 공부했어요. 결국 의과 대학에 들어가 공부를 마쳤고, 1840년에 아프리카 의료 선교사로 파견됩니다.

이 소년이 바로 리빙스턴입니다.

그는 1813년 봄, 영국의 신실한 기독교 가정에서 태어났어요. 하지만 그의 부모님이 가난했기 때문에 9명의 식구가 좁은 단칸방에서 지내야 했어요. 리빙스턴은 어려운 가정형편을 돕기 위해 일찍부터 방적공장에서 일해야 했어요.

하루에 14시간씩 고된 노동이 계속되었어요. 하지만 피곤한 가운데서도 리빙스턴은 야간학교를 다니며 열심히 공부했답니다.

특히 책읽기를 좋아하던 그는 디크란 사람이 쓴 '종교철학과 미래국가의 철학'이란 책을 통해서 개인적으로 예수님을 믿고 영접해서 구원을 받았답니다.

그리고 리빙스턴은 다른 친구들과는 달리 일찍부터 자신의 미래와 살아갈 방향을 놓고 기도하며 생각했어요.

그러던 어느 날 그는 중국에 의료선교사가 필요하다는 말을 듣고 중국 선교사가 되기로 마음을 먹었어요. 이런 목표를 마음에 품고서 그는 의학을 배우기 위해 북부 스코틀랜드의 명문 글래스고 대학에 들어갔답니다. 그리고 의학공부를 하면서 동시에 런던 선교회에 선교사 지원을 신청했어요.

런던 선교회는 그를 선교사 후보생으로 받아들이고 히브리어, 헬라어, 그리고 선교에 필요한 것들을 배울 수 있도록 도왔어요. 1840년 리빙스턴은 마침내 의학공부를 마치고 선교사로 안수를 받았답니다.

그런데 리빙스턴이 그렇게 열심히 중국 선교의 꿈을 이루기 위해 준비를 하고 있을 때, 영국과 중국 사이에 아편전쟁이 벌어졌어요. 그래서 영국의 런던선교회는 당분간 중국에 선교사를 보내지 않기로 결정했어요.

그 소식을 들은 리빙스턴은 매우 실망했어요. 중국 의료 선교를 위한 그동안의 준비와 노력이 모두 소용없게 되었기 때문이지요.

그렇게 낙담하던 어느 날, 리빙스턴은 스코틀랜드 출신의 선
교사 로버트 모펫이라는 사람을 알게 되었어요. 모펫은 아프리
카에서 선교를 하고 있었는데, 실망에 빠진 리빙스턴에게 아프
리카 선교를 하는 것이 어떻겠느냐고 말했어요. 중국만을 생각
하고 준비하던 리빙스턴에게 아프리카는 너무도 낯선 땅이었어
요. 아는 것이 하나도 없었죠. 하지만 예수님을 만난 후 살아야
할 이유가 복음을 전하는 데 있다고 생각했던 그는 모펫을 따라
가기로 결정합니다.

아프리카 선교를 위한 준비를 마치고 남아프리카의 케이프타
운에 도착한 리빙스턴은 우선 아프리카어를 배우기 시작했어
요. 말을 모르고서 선교를 할 수는 없으니까요. 그리고 그는 자
신의 선교를 시작하기에 적합한 곳을 찾기 위해 곧 케이프타운

을 떠났어요. 그는 북쪽으로 길을 떠나 로버트 모펫이 20년 동안 선교에 힘써왔던 지역에 도착했어요. 리빙스턴은 인구가 많고 회심자도 많은, 번영하는 마을을 보게 되리라 기대했답니다.

그러나 그는 곧 완전히 실망하고 말았어요. 그 땅은 거의 황무지였으며 비가 오지 않아 가뭄의 피해가 심했답니다. 게다가 그들의 신앙 상태도 완전히 엉망이었어요. 리빙스턴은 얼마 지나지 않아 그곳 사람들이 교회를 그저 먹고 마실 음식을 주는 곳으로 생각하고 있다는 것을 알게 되었지요.

외부 세계를 모르는 아프리카 사람의 눈에는 피부가 하얀 유럽인들이 이상해 보였고, 또 설교자들은 초자연적 힘을 가지고 있다고 믿었어요. 그래서 백인을 처음 본 원주민들은 리빙스턴을 마치 귀신처럼 무서워하며 도망가기도 했어요.

어느 날은 이런 일도 있었답니다. 눈에 보이지는 않지만 하나님이 계시다는 사실을 사람들에게 이해시키려고 머리를 숙이며 기도하고 있었어요. 이것을 유심히 지켜본 그들은 기도가 끝나자 다가와서 조심스레 물었어요.

"당신의 하나님이 땅속에서 뭐라고 하시던가요?"

"네? …?"

무슨 말인지 이해 못하던 리빙스턴은 잠시 후 웃음을 터뜨리

고 말았답니다.

"하하하~ 우째 이런 일이, 주님은 나의 왕이시기에 머리 숙여 경배했을 뿐이에요."

그들은 마치 땅을 보고 이야기하는 것 같은 리빙스턴의 모습을 보고 하나님이 땅에 계시다고 생각한거죠. 우습기도 하고 답답하기도 한 일이었겠죠.

하지만 아프리카 선교는 재미있는 일만은 아니었어요. 그 당시 백인 혼자서 아프리카 밀림 속을 탐험하며 흑인들에게 복음을 전하는 것은 목숨을 건 일이었답니다. 문화와 언어가 달랐고, 특히 백인들이 아프리카의 흑인들을 잡아다가 노예로 팔았기 때문에, 아프리카 원주민들은 백인들을 좋아하지 않았어요.

게다가 리빙스턴은 27번이 넘게 열병에 걸렸었고, 사자에게 왼쪽어깨를 물리는 등 건강에도 문제가 많아 선교활동을 하는 데 많은 어려움이 있었답니다. 하지만 그때마다 리빙스턴이 늘 붙잡는 예수님의 말씀이 있었어요. 그것은 바로 마태복음 28장 20절이랍니다.

　그는 어려움이 몰려와 힘들고 지칠 때면 언제나 성경을 꺼내어 손가락으로 이 말씀을 가리키면서 이렇게 고백했어요.

　　"그렇습니다. 예수 그리스도는 반드시 약속을 지키시는 분이십니다. 주님께서는 약속하신 말씀대로 반드시 나와 함께 하심을 믿습니다."

　이렇게 고백하고나면 알 수 없는 새 힘과 용기가 리빙스턴에게 생기곤 했답니다.

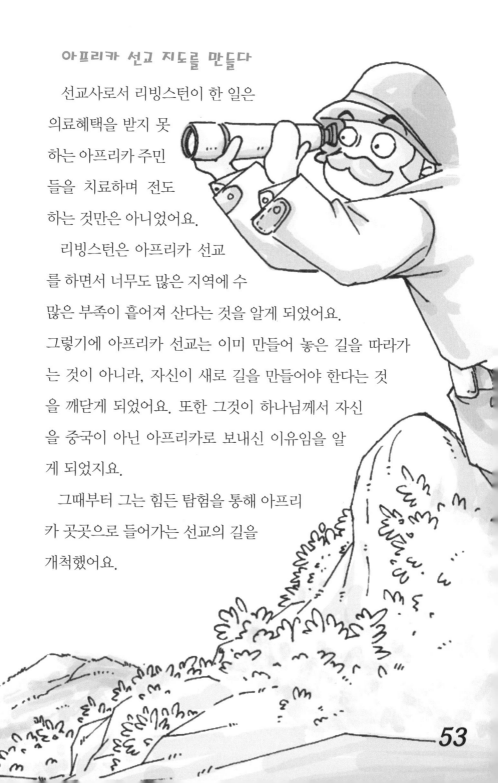

아프리카 선교 지도를 만들다

선교사로서 리빙스턴이 한 일은
의료혜택을 받지 못
하는 아프리카 주민
들을 치료하며 전도
하는 것만은 아니었어요.

리빙스턴은 아프리카 선교
를 하면서 너무도 많은 지역에 수
많은 부족이 흩어져 산다는 것을 알게 되었어요.
그렇기에 아프리카 선교는 이미 만들어 놓은 길을 따라가
는 것이 아니라, 자신이 새로 길을 만들어야 한다는 것
을 깨닫게 되었어요. 또한 그것이 하나님께서 자신
을 중국이 아닌 아프리카로 보내신 이유임을 알
게 되었지요.

그때부터 그는 힘든 탐험을 통해 아프리
카 곳곳으로 들어가는 선교의 길을
개척했어요.

그가 탐험을 하면서 만든 지도를 따라 많은 선교사들이 아프리카 내륙으로 들어와서 선교를 할 수 있었답니다.

또한 미국의 나이아가라 폭포보다 2배나 큰 규모의 빅토리아 폭포를 발견하는 등 아프리카 연구에도 큰 도움을 주었어요. 사실 리빙스턴은 일반인에게 지리학자요 탐험가로도 잘 알려져 있어요.

남아프리카에서 처음 선교를 시작할 때, 그는 아직도 선교사들의 발길이 닿지 않은 수천의 마을에 대해 안타까운 마음을 가지고 있었어요.

그 사실을 알게 된 영국의 몇몇 친구들이 리빙스턴의 고생을 조금이라도 덜어주려는 생각으로 어느날 이런 편지를 보냈답니다.

　"리빙스턴, 낯선 땅에서 주님의 사랑을 몸소 실천하고 있는 자네에게 격려의 박수를 보내네. 먼 나라에서 고생하고 있는 자네를 생각하면 여기서 편안하게 지내는 우리는 정말 부끄러울 뿐이네. 그래서 자네의 고생을 조금이라도 덜어 주기 위해 우리가 자네를 도와줄 사람을 몇 명 그곳으로 보내려 하네. 그러니 그곳까지 가는 길을 상세히 적어 다음 편지에 보내주면 좋겠네."

하지만 편지를 받은 리빙스턴은 이런 내용의 답장을 보내어 정중하게 그 제안을 거절했어요.

"자네들의 마음은 고맙지만 이곳까지 오는 길이 있어야만 오겠다는 사람이라면 나는 사양하겠네. 이곳에서 진정 필요한 사람은 길이 없어도 스스로 찾아오는 사람이거든."

이처럼 하나님은 드릴 헌금이 없어서 자신의 인생을 바친 한 소년을 보시고, "그래 네가 나를 위해 아프리카 선교의 길을 개척하렴." 하시며 사명을 주시고 인도하신 것이에요.

"내가 달려갈 길과 주 예수께 받은 사명
곧 하나님의 은혜의 복음을 증언하는
일을 마치려 함에는
나의 생명조차 조금도 귀한 것으로
여기지 아니하노라" (사도행전 20:24)

함께 생각해 봐요

하나님께 드릴 헌금이 없어서
자기 자신을 바친 어린 소년 리빙스턴!
이것이 하나님이 가장 기뻐하시는 헌금이요 헌신입니다.

자기가 가진 돈에서

일부분을 헌금하는 것과 자기가 가진 돈만 아니라
자기 자신을 다 드리는 것
어느 것을 하나님이 기뻐하시겠어요?
그래서 헌금은 돈을 드리는 것이 아니라
내 몸과 마음과 인생을 드리는 거예요.
헌금은 내 것이 다 주님의 것이라는 마음을
돈으로 표현해서 드리는 거죠.

"네 보물이 있는 그 곳에는 네 마음도 있느니라." (마태복음 6:21)

우리 마음이 하나님과 하나님의 소원인

세계복음화에 있다면 헌금을 드리는 것이 하나도 아깝지 않을 거예요. 그런데 우리가 헌금이 아깝고 제대로 못 드리는 것은 우리 마음이 하나님 보다 내가 좋아하는 세상 것에 빠져있다는 증거겠죠?

돈은 우리가 생활하면서

복음과 전도를 위한 귀한 일에 쓰라고 주신 거예요. 돈이 우리 마음을 빼앗는 우상이 되게 해서는 안돼요.
우리는 돈을 다스리는 청지기이지 돈을 섬기는 노예가 아니에요. 돈을 사랑하고 돈 쓰는 재미로 산다면 온갖 유혹에 빠져 망하게 되어요.

"부하려 하는 자들은 시험과 올무와 여러 가지 어리석고 해로운 욕심에 떨어지나니
곧 사람으로 파멸과 멸망에 빠지게 하는 것이라." (디모데전서 6:9)

또한 허전한 마음을 채우느라

과소비 하다 보면 헌금할 돈도 없게 되죠.
그 사이에 복음 전하는 교회들은
재정이 어려워져 점점 문을 닫게 되고
리빙스턴처럼 해외에 나가
복음 전하는 선교사님들은
사역을 포기하고 돌아와야 해요.
이게 바로 마귀가 원하는 일입니다.
하나님의 소원인 세계복음화를
막으려는 거죠 .

하나님은 하나님의 뜻을 이룰 신실한 청지기를 찾고 계십니다.
헌금을 하기 이전에 내 몸과 마음과 일생을 먼저 하나님께 드리세요.
그러면 하나님도 하나님의 모든 것을 우리에게 맡겨주실 겁니다.
여러분은 21세기의 리빙스턴입니다.
하나님 나라를 위해 사업하는 사장님이 되시길 축복합니다!

"에바브로디도 편에
너희가 준 것을 받으므로 내가 풍족하니
이는 받으실 만한 향기로운 제물이요
하나님을 기쁘시게 한 것이라" (빌립보서 4:18)

위 구절은 선교사 바울이 선교헌금을 드린
빌립보 교인들에게 전한 말이랍니다.

Story plus

에피소드 no. 1

57센트의 기적

이지영 글 / 이준희 그림 / 이인영 컬러

오래전 미국 필라델피아시에 조그만 교회가 있었습니다.

미안하구나! 이 표를 가지고 가거라! 자리가 비면 부르마!

벌써 예배실이 꽉 찼어요?

그 일이 있은 후 얼마 안 되어 소녀는 불치병으로 세상을 떠나고 말았어요.

우리 아이 베게 밑에 있었습니다.

이건 나에게 쓴 편지군요.

이건
우리 아이가
모은 57센트의
동전입니다.

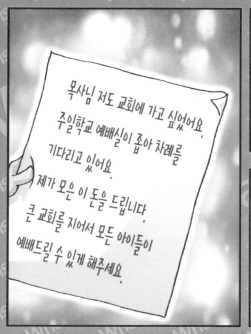

목사님 저도 교회에 가고 싶었어요.

주일학교 예배실이 좁아 차례를

기다리고 있어요.

제가 모은 이 돈을 드립니다.

큰 교회를 지어서 모든 아이들이

예배드릴 수 있게 해주세요.

장례식장에서 모든 교인이 보는 앞에서
소녀의 편지를 읽었습니다.

아이의 헌신과 믿음을 보고 감동한
어른들은 헌금을 시작했어요.
이렇게 교회는 더 넓어졌고
더 많은 아이를 초청할 수
있었어요.

57센트의 기적은 계속되어 가난한 아이를 무료로 치료해주는
병원이 세워졌고, 필라델피아의 템플교회와
템플 대학의 원동력이 되었답니다.

〈끝〉

'What is' 시리즈
전 8권 완간!

위대한 신앙의 사람들을 통해 배우는
선교, 성경, 기도, 믿음,
헌금, 전도, 찬송, 예배 시리즈!
자녀들이 꼭 알아야 할 신앙의 기본 상식들을
알기 쉬운 만화로 재미있게 풀었습니다.